Version 1

Bloquer Pervers Narcissiques Avec Techniques De L'hypnose Honnête

Dr Docpolyvalent Oumarou Ousmane

Publication 2019 Dr Docpolyvalent Oumarou Ousmane

Nantes, France

Remerciements

Je remercie mes parents, mes proches, mes lecteurs, mes associés. Ainsi que tous les gens de valeur que j'ai rencontrés au cours de notre voyage sur la planète terre

Chère Famille des êtres humains : nous sommes si hypnotisés par les négativités qu'on oublie que nous sommes tous issus de la même famille, la famille des êtres humains ; la seule différence est qu'il y a des familles proches et moins proches ! Docpolyvalent

-Dr Docpolyvalent Oumarou Ousmane: inventeur du concept «Hypnotiser Honnêtement

SUR L'AUTEUR

Encouragements

1. Dans presque tous mes livres, vous découvrirez mes messages mes citations, ayant pour ambitions de vous encourager à rester optimistes, à garder espoir même face aux pires, à vous apprécier davantage, à pardonner à vous-même, à vous sentir fiers de vous de suite sans attendre d'obtenir quoi que ce soit car vous avez déjà tout ce qu'il faut pour être fiers de vous ,même si les conditionnements négatifs et les critiques des autres essaient de vous dire le contraire

2. Dans presque tous mes livres j'ai essayé de vous rappeler que les déceptions, erreurs, échecs, difficultés...peuvent se transformer en avantages, opportunités, certaines difficultés sont là pour préparer l'arrivée de votre bonheur, pour développer votre état d'esprit, et développer vos connaissances

3. Dans presque tous mes livres, j'ai essayé de vous répéter que les gens au sommet ne sont pas mieux que vous

4. Dans presque tous mes livres j'ai essayé d'expliquer l'idée que : aucun être humain ne peut survivre sans solidarité et ou soutiens des autres, et que personne n'échappe à cette règle de la nature

5. Dans presque tous mes livres j'ai tenté d'expliquer, que la solidarité, la réussite et le bonheur sont frères et sœurs tandis que l'égoïsme, l'ignorance inconsciente, le pessimisme, l'échec sont cousins et cousines proches

6. Dans presque tous mes livres, j'ai tenté de vous encourager à être fiers de vous, en expliquant que vous avez déjà tout ce qu'il faut pour être fiers de vous, de suite sans attendre d'obtenir quoi que ce soit

7. Sur mes sites internet, et les réseaux sociaux

Facebook, YouTube, Instagram, Twitter etc. j'ai l'habitude de publier des messages réconfortants

8. Je recommande aux gens de prendre l'habitude d'hypnotiser leur cerveau, âme, esprit, cœur, avec des pensées, idées et croyances réconfortantes optimistes ;

9. Je recommande aux gens de prendre l'habitude de dés-hypnotiser leur subconscient, corps, âme, esprit, des graines de négativités (peur, pessimisme, culpabilité, baisse d'estime et de confiance en soi

10.je recommande aux gens de remplacer la haine, le racisme, Par la solidarité, la compassion, le partenariat gagnant gagnant

11.Je recommande aux gens de ne pas devenir esclaves des choses ni de qui que ce soit … ! certains sont si obsédés par certains objets, qu'ils finissent par devenir esclaves de ces objets

Important : malgré mes diplômes, je sais que la plus grande université, reste la vie. C'est dans la vraie vie qu'on apprend le plus. On ne connaît absolument rien du tout en comparaison avec tout ce qu'on ignore

Vous pouvez vous demander pourquoi je fais tout ça ? Pourquoi je me suis engagé à encourager les gens même quand je suis triste ?

-Pourquoi je m'engage à dévoiler aux gens les secrets de productivité positive, gestion de temps afin d'accélérer la réalisation de leurs rêves

Malgré moi, des décès précoces de certains de mes proches, puis le suicide (filmé en vidéo) d'une adolescente en manque d'espoir, des injustices, des sentiments de discriminations, des conditionnements négatifs, l'absence de prise de conscience, m'ont traumatisé et m'ont forcé à prendre l'habitude d'agir dans le présent, sans attendre le futur.

Voici En Partie Pourquoi je me suis engagé Pour Encourager Les Gens Même Quand Je Suis Triste :

La vidéo du suicide d'une adolescente en manque d'espoir :

La Vidéo du suicide d'une adolescente en manque d'espoir, combinée avec les tristes décès de mon jeune père, puis le triste décès de mon petit frère qui avait perdu la vie à 4 ans, plus les injustices, les discriminations les conditionnements négatifs, l'absence de prise de conscience, me forcent à lutter pour créer espoir, solidarité, optimisme, estime de soi, pardon pour soi-même. !

Avant de se suicider en direct par vidéo, l'adolescente espérait que quelqu'un lui donne espoir, parmi ceux qui regardaient sa vidéo, mais rien n'y fait, au lieu de lui témoigner espoir, amour, compassion solidarité,

Promesse. Certains inconscients barbares, l'ont même encouragé à se suicider ; c'était incroyable mais vrai, les vidéos sont encore disponibles sur internet

Nb. Lorsque j'ai vu la vidéo, c'était déjà trop tard, l'adolescente avait déjà mis fin à ses jours en direct par internet ! C'est trop triste

Explications

Comme je disais, En plus des décès de mon père et de mon petit frère, je suis tombé sur la vidéo de suicide d'une adolescente en manque d'espoir

. j'ai été marqué par des décès précoces, j'ai malheureusement perdu mon père pendant mon adolescence, de même j'ai malheureusement perdu un de mes petits frères pendant mon adolescence ,.,mon petit frère avait perdu la vie à 4 ans il n'avait que 4 ans, c'était traumatisant, ça marque à vie, le décès de mon père est aussi traumatisant et marquant; Malgré moi, le décès de mon père m'a montré l'urgence d'agir dans le moment présent ! mon père était décédé jeune, il était jeune Docteur vétérinaire, il venait d'être renommé au poste du directeur général national, un poste comparable au poste d'un ministre, mon père a perdu la vie au moment des passations de service. Ce décès m'a montré l'urgence de profiter du moment présent, et qu'il ne faut pas sacrifier le moment présent dans l'espoir d'avoir du succès

Dr Docpolyvalent, auteur à succès et fondateur de plusieurs associations ONG, et grands groupes de solidarité, partenariat, soutiens. Auteur engagé pour Encourager

Les autres et créer espoir, solidarité, optimisme, estime de soi, partenariat, réussites.

. Docpolyvalent est aussi fondateur de la méthode : y s r d yes solidarité, réciproque, dynamique appelée aussi méthode : yes partenariat gagnant gagnant

Associations, ONG, et groupes Facebook de solidarité et ou partenariat, fondés par Dr Docpolyvalent :

Associations et ONG : Amis Des Victimes, ONG Sensibilisations, Victime existe….

Groupe Facebook : famille des êtres humains **Groupe Facebook**

: club africains, européens, américains, asiatiques, doivent se soutenir

Groupe Facebook : club yes partenariat gagnant gagnant

Groupe Facebook : club amis des victimes

Groupe Facebook : amis des victimes asso groupe

Groupe Facebook : club tous doivent se soutenir

Groupe Facebook : livres hypnose neurosciences pnl, ...

Groupe Facebook : coachings formations hypnose pnl neurosciences

Groupe Facebook : club yes se soutenir

Groupe Facebook : Docpolyvalent Amazon livres

Groupe Facebook : vidéos neuro- hypnotiques

Groupe Facebook : Etc.

Groupe Facebook :

Important : la somme des membres de l'ensemble des groupes fondés par Dr Docpolyvalent peut atteindre le (million) de membres

Dr Docpolyvalent encourage les gens à être polyvalents, à exploiter leurs dons naturels ou pas

-Dr Docpolyvalent, auteur à succès et fondateur de plusieurs associations, ONG, et plusieurs grands groupes de solidarité, partenariat, soutiens....

Auteur engagé pour encourager les autres et créer espoir, solidarité, optimisme, estime de soi.

-Pour rejoindre gratuitement la liste des membres privilégiés qui reçoivent des avantages et qui sont au courant des opportunités, événements, Discussions

, conférences... :

-Vous avez la possibilité de vous désabonner à tout moment gratuitement, même si ça n'arrive pas souvent de voir un membre se désabonner, la plupart des membres préfèrent rester membres ;

Voici le lien, dont il faut cliquer et confirmer après, si non, le site ne prendra pas en compte :

http://eepurl.com/gnglur

Important : malgré mes diplômes, je sais que la plus grande université, reste la vie. C'est dans la vraie vie qu'on apprend le plus. On ne connaît absolument rien du tout en comparaison avec tout ce qu'on ignore

-Dr Docpolyvalent est titulaire d'un diplôme de docteur vétérinaire + Master en santé publique humaine (obtenu en faculté de médecine de rennes France) + Formation de médecine humanitaire (faculté de médecine et de pharmacie de rennes France) la peur m'a forcé à obtenir mes diplômes en étant jeune

Citations Populaires de Dr Docpolyvalent :

- je n'autoriserai personne, à me battre en matière d'efforts pour Productivité, travail..! Dr Docpolyvalent ! Faites comme moi ! Dr Docpolyvalent

-Ne laissez pas la haine et le racisme, altérer votre santé, énergie vitale, espérance de vie, bien-être, beauté. ! Refusez d'être raciste, refusez d'être haineux, votre vie est précieuse ! Dr Docpolyvalent

-Alors que la solidarité est sœur de bonheur, réussite, paix intérieure, Le racisme, la haine, la discrimination, le pessimisme, sont des cousins de l'échec, diminution d'opportunités, tristesse, risque de dégradation de santé ! Choisissez votre camp, je vous recommande de choisir

L'équipe de solidarité… ; Dr Docpolyvalent

-certaines difficultés sont des opportunités déguisées en cauchemars. Ne jamais perdre espoir ! **Dr Docpolyvalent**

-Même si l'argent est certes important, il ne doit aucunement pas être mis devant les êtres humains, ni devant les animaux, ni devant la solidarité, la compassion.

-Soyez fier de vous, de suite, sans attendre d'obtenir quoi que ce soit, vous avez déjà tout ce qu'il faut pour être fier de vous ; même si les conditionnements négatifs, et les critiques des autres semblent vous dire le contraire. **Dr Docpolyvalent**

-Never Give Up.: Ne jamais Jamais abandonner rêve, espoir...**Dr Docpolyvalent**

-les gens au sommet ne sont pas mieux que vous. **Dr Docpolyvalent**

-Gardez espoir, restez optimiste, votre saison de chance va arriver, votre printemps va arriver. **Dr Docpolyvalent**

-Ensemble, les soucis se cachent et fuient ! Habituons cerveaux à agir ensemble ! **Dr Docpolyvalent**

-Plusieurs cerveaux sont nFois plus efficaces que 1 seul cerveau ! . **Dr Docpolyvalent**

-Plus vous tournez le dos en disant non à la discrimination, non au racisme, stop à la haine. Plus vous décuplez vos chances d'attirer

Et ou de garder : opportunités, bonheur, réussite…. **Dr docpolyvalent**

-Ne jamais se décourager, certains échecs attirent des opportunités. **Dr Docpolyvalent**

-Les gens qui réussissent le plus ont des points en communs, ils sont persévérants, ils agissent en groupe, équipe. **Dr Docpolyvalent**

-Semez dans votre âme, cœur, esprit, des graines d'espoir, de valorisation de soi, d'estime de soi, d'Amour de soi, de respect de soi. **Dr docpolyvalent**

-Dés-hypnotisez votre cerveau des graines de négativités comme : pessimisme, stress, peurs, haine, colère,

Jalousie.... **Dr Docpolyvalent**

-Souvenez-vous de ceci : la solidarité et l'optimisme sont sources de bonheur, réussite, paix intérieure. **Dr docpolyvalent**

-Les gens au sommet ne sont pas mieux que vous, ils ont beaucoup plus de soutiens énergétiques dynamiques. Que vous. **Dr docpolyvalent**

-Votre cerveau est capable. **Dr docpolyvalent**

-Faites comme moi je me classe parmi les tops 5 des grands experts au monde de mon domaine car l'homme devient ce qu'il croit en général : nul ou top. **Dr docpolyvalent**

-Les Gens au sommet ne sont pas mieux que vous, Ils ont profité des réseaux, des relations, des soutiens.... **Dr Docpolyvalent**

-Gardez le moral, votre printemps va arriver, votre saison de chance va arriver. **Dr docpolyvalent**

-l'égoïsme est cousin du stress, échec, souffrance, éloignez votre votre cerveau des gens égoïstes haineux. **Protégez votre vie, votre santé votre bien-être.... dr docpolyvalent**

-Votre cerveau est comme un jardin, empêchez les gens égoïstes haineux de semer des graines de souffrance, stress dans votre cerveau, âme, cœur... ! **votre vie et votre santé sont précieuses; protégez les !. . Dr docpolyvalent**

-la solidarité est sœur de bonheur réussite paix intérieure, tandis que l'égoïsme est frère de l'échec, stress, galère ; faites le bon choix ! **. Dr docpolyvalent**

Nb- Restez solidaires, la roue tourne, ne l'oubliez jamais ! **.Dr docpolyvalent**

-Nb- on n'est rien sans les autres, la réciproque n'est pas moins vraie. **Dr docpolyvalent**

Nb- n'écoutez pas les confusionnistes qui font croire à tord qu'on peut s'en sortir seul ; si tout le monde nous abandonne, délaisse, on ne survivrait pas! Personne n'échappe à cette règle ! **.Dr docpolyvalent**

-Nb- on a un besoin vital et inconscient de réciprocité, en effet l'être humain a besoin d'aider et d'être aidé pour être heureux de manière durable! **.Dr docpolyvalent**

-Nb- Sans solidarité le monde pourrait disparaître ou s'anéantir ou se dégrader davantage. **Dr docpolyvalent**

-le racisme, la haine, et la discrimination sont cousins de souffrances, maladies, échecs. Tandis que la solidarité, la compassion et l'optimisme sont cousins de bonheur, réussite, opportunités...choisissez le bon camp. **Dr docpolyvalent**

-On ne connaît absolument rien du tout en comparaison avec tout ce qu'on ignore. **Dr docpolyvalent**

-Ne jamais mettre l'argent devant les êtres humains, même si l'argent est bien sûr important pour aider les autres. **Dr docpolyvalent**

-Même si l'argent est important pour survivre dans certaines régions du monde, l'argent ne doit en aucun cas être mis devant les êtres humains, ni devant l'amour, la solidarité, la compassion. **.Dr docpolyvalent**.

-certains échecs sont des opportunités déguisées en cauchemars. Chérissez les !**Dr docpolyvalent**

Important : malgré mes diplômes, je sais que la plus grande université, reste la vie. C'est dans la vraie vie qu'on apprend le plus. On ne connaît absolument rien du tout en comparaison avec tout ce qu'on ignore. Dr **docpolyvalent**

AVANT PROPOS

Points incontournables

.Il y a un nombre incalculable d'obstacles qui sont susceptibles de bloquer la réalisation des rêves,chacun doit

chercher à déterminer l'obstacle qui a tendance à retarder la manifestation de ses rêves.

Ce qui bloque un individu quelconque peut ne pas bloquer un autre ;

.etc.

Quelques-uns des livres de Dr Docpolyvalent Oumarou Ousmane

-Livre : Bloquer Pervers Narcissiques Avec Techniques De L'hypnose Honnête

-Livre : Inductions Hypnotiques Honnêtes Impliquant Les Sagesses De Sophrologie

-Livre : Comment Devenir Comme Extraterrestre De Productivité Et De Gestion De Temps (Tout En Pensant à Santé, Solidarité)

-Livre :105 Méthodes D'hypnose pour hypnotiser (Honnêtement) tout le monde, même votre chat ou Votre chien

-Livre :60 Exercices d'hypnose pour atteindre divers objectifs et hypnotiser honnêtement

-Livre : 65 méthodes d'inductions hypnotiques pour hypnotiser(honnêtement) n'importe quel cerveau

-Livre 1000 métaphores hypnotiques et techniques d'hypnose pour hypnotiser honnêtement (version 3)

-1-Habituer Cerveau aux meilleurs secrets des gens super optimistes qui ont bonheur, opportunités, prospérité en presque tout (bonheur, amour, argent.

2-Reconditionner Cerveau pour trouver bonheur opportunités en diminuant peurs, discriminations.

3-Libérer Cerveau pour gérer peurs, stress, phobies, angoisses, dépressions, anxiété...

4-Programmer Cerveau pour être heureux optimiste, créatif dans moment présent, même si on n'a pas ce qu'on veut, même si on nous dit non

5-Adapter Cerveau aux 100 secrets des femmes qui savent

(tourner la tête des hommes, garder les hommes, rendre les hommes fidèles)

6-Les Habitants de la forêt enseignent les secrets du bonheur

7-Comme Des Fous, on oublie la chance qu'on a d'avoir tout ce qu'on a pour être heureux, jusqu'à ce qu'il arrive le pire

8-La Femme qui a fait rêver les hommes

9-Comment Devenir Ou Rester Femme Idéale fantasme de son propre chéri, mari.

10-Comment Atteindre ses objectifs avec la méthode Y S R D yes solidarité réciproque dynamique (y s r d)

. Etc...

-ROMAN-Propositions trop malsaines (je te propose 1 milliard de dollars pour te posséder par amour, pour que tu m'appartiennes...

-ROMAN-Amour, Et Contrats Diaboliques

-ROMAN-Amour Plus Manipulation

-ROMAN-Côtés Obscurs du Prince Charmant

-ROMAN-Le Passé Sombre De La Future Mariée

-LIVRE-Comment Devenir Super Productif Super Efficace En Habituant Cerveau Aux Habitudes Prioritaires

-LIVRE-HABITUDES Prioritaires Des Gens Qui Réussissent Le Plus Et Le Plus Rapidement Possible

-LIVRE-HABITUDES PRIORITAIRES Des Gens Qui Attirent Et Gardent L'amour Rapidement

-ROMAN-500 Histoires Sur Les Gens Qui Sont Heureux Malgré Difficultés Drames

-LIVRE-2000 idées Pour Obtenir Ce Que Vous Voulez

-ROMAN-1000 Histoires Sur L'amour Inattendu Avec Bad Boy Ou Bad Girl

-Etc...

Pour Contacter docpolyvalent, ses associations-ONG, ses clubs de partenariats, soutiens, et voir ses nouveautés, événements et actualités :

-Site internet : www.DocPolyvalent.fr

-DocPolyvalent@gmail.com

-Facebook : Docpolyvalent écrivain...

-Groupe Facebook : Club Yes Partenariat Gagnant Gagnant, Club Yes Se Soutenir ..

-YouTube : Docpolyvalent

-Instagram : Docpolyvalent

-Twitter : Docpolyvalent

-etc.

Métaphores et histoires parfois marrantes parfois inspirantes

1-l'optimiste qui pleure en disant à Dieu :« s'il te plaît Dieu, pourquoi tu ne m'envoies plus de problèmes et de soucis depuis longtemps ? Tu ne me fais plus confiance pour gérer les soucis ? Si je n'ai pas de soucis, comment je peux grandir apprendre, réussir ? S'il te plaît Dieu, envoie-moi quelques problèmes » ! **Ça a fait Rires certains, tout en inspirant d'autres**

2-tout le monde est né génie c'est la société qui nous de-génialise ! **Ça a fait Rires certains, tout en inspirant d'autres**

3-Un sage a dit : nous les êtres humains nous sommes tous fous, on pense connaître beaucoup de choses, la seule raison pour laquelle nous ne sommes pas dans des asiles d'aliénés, c'est parce que nous sommes trop nombreux ! **Ça a fait Rires certains, tout en inspirant d'autres**

4-l'élève qui dit à son maître : puisqu'en bossant 12h par jour il me faudrait 10 à 15 ans de pratique pour devenir expert ; que se passera t'il si je bosse 20 h par jour ? Combien de temps me faudra-t-il pour devenir maître si je bosse à ce rythme de 20 h par jour au lieu de 12h :

Le maître répondit : « dans ce cas, il te faudrait 20 à 30 ans pour devenir maître expert, puisque tu as besoin de périodes de lâcher prise » **Ça a fait Rires certains, tout en inspirant d'autres**

5-Un dépressif dit à son pote et thérapeute :«je te donnerai 3000 ou 5000 USD si tu me dis l'endroit dont tu disais que tout le monde est sans soucis, sans problème, l'endroit où il y a zéro problème, et le thérapeute répondit : « Cimetière » ! **Ça a fait Rires certains, tout en inspirant d'autres**

Leçon à retenir : seuls les gens qui sont au cimetière n'ont pas de soucis, les soucis sont signes de vie, c'est celui qui n'a aucun problème qui doit s'inquiéter le plus

6-Votre vie ne va pas changer jusqu'à ce que vous changiez le problème qui se nomme vous. ! **Ça a fait Rires certains, tout en inspirant d'autres**

7- Un sage a dit :«il y a des gens qui naissent dans le sommeil(inconsciemment), ils grandissent dans le sommeil(inconsciemment), ils se marient dans le sommeil(inconsciemment), ils font des bébés dans le sommeil(inconsciemment),et meurent dans le sommeil(inconsciemment) sans avoir pris conscience des choses les plus importantes de la vie, les secrets de la vie ,bonheur, réussite.. »**! Ça a fait Rires certains, tout en inspirant d'autres**

8-La grand-mère qui ne savait pas pratiquer la gratitude ! Après avoir pleuré en demandant au vent de lui ramener son petit-fils emporté par le vent à la plage, la grand-mère n'a même pas pensé à remercier le vent de lui avoir ramené son petit-fils ; la grand-mère a préféré plutôt se plaindre en disant au vent :« certes tu m'a ramené mon petit-fils, mais mon petit fils avait une casquette avec lui, tu n'as pas ramené la casquette »**! Ça a fait Rires certains, tout en inspirant d'autres**

INTRODUCTION

(Version n° 1)

Un des livres de Dr docpolyvalent, auteur à succès

-En tant que formateur en hypnose et coach sur divers sujets,les livres de Dr DocPolyvalent sont très pédagogiques très détaillés,et ce livre ne fait pas exception

-Dr Docpolyvalent est l'inventeur du concept « hypnotiser honnêtement,Hypnose Honnête...»

-à l'intérieur de ce livre vous découvrirez des secrets pour bloquer les pervers narcissiques

-des exercices d'hypnose pour hypnotiser honnêtement efficacement

-Interdiction de lire ce livre est de règle pour ceux qui veulent atteindre des objectifs en oubliant santé, solidarité, familles, nature, animaux...

-Interdiction de lire ce livre est de règle pour ceux qui veulent utiliser l'hypnose pour manipuler les autres

-Dr Docpolyvalent,auteur à succès et fondateur de plusieurs associations,ong,et plusieurs grands groupes de solidarité,partenariat,soutiens....Auteur engagé pour encourager les autres et créer espoir,solidarité,

optimisme,estime de soi,productivité positive..

Important:malgré mes diplômes,je sais que la plus grande université,reste la vie.C'est dans la vraie vie qu'on apprend le plus.On ne connaît absolument rien du tout en comparaison avec tout ce qu'on ignore .**Dr docpolyvalent**

-**Dr Docpolyvalent est titulaire d'un diplôme de docteur vétérinaire + Master en santé publique humaine(obtenu en faculté de médecine de rennes France)+ Formation de médecine humanitaire(faculté de médecine et de pharmacie de rennes France)**

.**Dr docpolyvalent est engagé pour encourager les gens et leur permettre de développer leur productivité afin qu'ils réalisent leurs rêves**

-**Engagé pour dévoiler,montrer les secrets de productivité positive,gestion de temps**

,**secrets des gens qui réussissent en presque tout,encouragements,motivations...**

- **je n'autoriserai personne,à me battre en matières d'efforts pour productivité,travail ! Dr Docpolyvalent! Faites comme moi ! Dr Docpolyvalent**

Quelques Secrets Pour bloquer les pervers narcissiques

Secret n° 1. Confirmer qu'on est victime de pervers(e) narcissique

Secret n°2 - Faire deuil de la relation avec pervers narcissique

Secret n°3 -Préparer sa fuite en toutes discrétions

Secret n°4-Ne plus céder à leurs stratégies de manipulation

Secret n°5- En cas de menaces,informer les autorités,forces de l'ordre,juristes...

Technique d'hypnose N° 1:Avec Méthode Hypnotique qui consiste s'identifier à quelque chose de puissant,surnaturel

Secret n° 1. Confirmer qu'on est victime de pervers(e) narcissique

Si vous ne faites rien pour arrêter l'injustice,c'est comme si vous êtes complice!Martin Lutter King

Exercice :

1. étape 1

Anamnèse ou phase d'observation,d'analyse et ou de créations de liens de confiances entre hypnotiseur-hypnotisé ;ou phase d'analyse de soi même en cas d'auto-hypnose

Tout hypnotiseur qui se respecte doit consacrer du temps à cette phase pour prendre le temps d'observer et d'analyser les particularités de l'individu dont il veut hypnotiser afin de mieux s'adapter et d'agir en conséquences

2. étape 2

Programmez des fusibles adaptés spécifiques,des protocoles automatiques de sécurité,

Vous savez qu'il n y a en général aucun risque à se servir de la puissance magique et indescriptible de l'hypnose pour hypnotiser et atteindre des objectifs,si tout est fait correctement mais rien ne vous empêche de programmer des fusibles des protocoles automatiques de sécurité.Puisqu'on parle ici d'auto-hypnose,choisissez de programmer des fusibles de sécurité en vous servant de votre voix.Vous pouvez par exemple mettre en place des fusibles de sécurité en répétant à haute ou à basse voix,je demande à mon subconscient de me sortir de l'état de transe dès qu'il y a inconfort,risque..même si il y a en général aucun risque

-Suggérez ceci à l'inconscient de l'individu dont vous voulez hypnotiser:étape 3,étape 4,étape 5,étape 6,étape 7,étape 8,étape 9.. :

3. étape 3

Suggérez ceci à l'inconscient de l'individu dont vous voulez hypnotiser:

Confortablement à l'aise,je reste dans une posture confortable,une posture agréable qui me fait du bien

4. étape 4

Je ferme les yeux,lentement,progressivement,petit à petit

5. étape 5

Inspirez(10 fois). Inspirez profondément avec énergie et gratitude

6. étape 6

Technique d'hypnose N° 1:Avec Méthode Hypnotique qui consiste s'identifier à quelque chose de puissant,surnaturel

Secret n° 1. Confirmer qu'on est victime de pervers(e) narcissique

-Concentrez votre attention au niveau de votre peau,visualisez un sentiment de gratitude et de paix intérieure en train de se diffuser dans les cellules de votre corps ; si ces sensations avaient une couleur à quoi ça ressemblerait ?

Respirez de façons abdominales -21 fois

-plus vous respirez plus vous devenez surnaturel,avec plein de pouvoirs surnaturels,des pouvoirs qui vous permettent d'observer une partie de la vie d'une victime,afin de l'aider à s'en sortir

-Pendant l'expiration,visualisez une femme qui est victime de pervers narcissique,elle est souvent rabaissée humiliée par son mari ,le pervers narcissique,ce dernier ne montre aucun signe d'empathie à son égard,et n'hésite pas à l'accuser de tout,en se faisant passer pour victime quand ça l'arrange...

-Pendant l'inspiration,visualisez cette femme en face d'un thérapeute. Après une série des questions bien organisées le thérapeutique finit par confirmer le statut narcissique du mari...

-Si nécessaire,consacrez des minutes,des heures à analyser détails après détails,étapes après étapes..

7. étape 7

Expirez(6 fois). Expirez lentement,progressivement,petit à petit

8. étape 8

Pour sortir de l'hypnose,revenir du voyage hypnotique,sortir de transe hypnotique:

Je peux sortir de l'hypnose en me se servant des suggestions de ce genre :

-je vois les marches des escaliers qui mènent vers la sortie de transe hypnotique

-j'entends des bruits des claquements des fenêtres qui mènent vers le retour du voyage hypnotique

9. étape 9

Phase de conseils et recommandation pour question de consolidation après la séance

10. étape 10

S'engager à hypnotiser honnêtement

Prendre la décision de continuer à **pratiquer l'hypnose de manières honnêtes** pour aider les autres et s'aider soi même,s'aimer soi même,s'apprécier soi même,se respecter soi même,pardonner à soi même et à d'autres,être fier de soi même,remercier pour tout ce qu'on a la chance d'avoir au lieu de souffrir en pensant à ce qu'on n'a pas,être et rester fier(e) de soi au quotidien qu'importe sa situation,augmenter la chance d'atteindre ses objectifs

Si il y a résistance

Ne vous sous-estimez pas,ne perdez pas confiance en vous,même si vous rencontrez de résistances;gardez confiance en vous,plus vous êtes confiant optimiste,plus vous êtes charismatique plus vous décuplez vos chances d'hypnotiser avec efficacité

Rappels Importants au sujet de cette méthode :

Vous connaissez la chanson,si vous refusez de vous adapter aux particularités des individus dont vous voulez hypnotiser,vous risquerez d'avoir du mal à hypnotiser.En cas d'auto-hypnose,adaptez-vous à vos propres particularités

Une des parties les plus importantes de ce livre

prenez conscience de vos dons,refusez d'accorder
d'importances aux critiques des autres,soyez fiers
de vous .

-Pour mieux attirer bonheur,réussite,paix intérieure..auto -
hypnotisez votre âme,cœur,esprit avec la gratitude,prenez
l'habitude de remercier pour tout ce dont vous avez la chance
d'avoir,au lieu de souffrir en pensant à ce que vous n'avez pa**s!**
Restez fiers de vous et solidaires-Remerciez
d'avoir vie,mains,pieds,corps,relations,eau potable,air...

-ne vous découragez pas à cause des
difficultés,échecs.. ;la plupart des échecs sont
temporaires!Restez confiants,optimistes et fiers de
vous

En cas d'hypnothérapie :je vous recommande
de prendre l'habitude d'aider vos patients à se
sentir bien,confiants,optimistes

Technique d'hypnose N°2 -Avec Méthode Hypnotique qui consiste à s''identifier à des héros,Mystiques

Secret n°2 - Faire deuil de la relation avec pervers narcissique

-Passer à l'action est plus efficace que parler!Mère Thérésa

Exercice :

1. étape 1

Anamnèse ou phase d'observation,d'analyse et ou de créations de liens de confiances entre hypnotiseur-hypnotisé ;ou phase d'analyse de soi même en cas d'auto-hypnose

Objectifs à atteindre : Vous pouvez vous servir de cette méthode d'hypnose pour augmenter vos chances d'atteindre divers objectifs

Pendant cette phase,prenez le temps de créer un lien de confiance,de compassion avec l'individu à hypnotiser,puisqu'il s'agit d'une induction basée sur le visuel,servez-vous des mots qui font référence à la vue;par exemple au lieu de dire je sens à quel point vous êtes quelqu'un de qualité de valeur,vous pouvez dire,je vois à quel point vous êtes quelqu'un de valeur ,quelqu'un de grande qualité. Au lieu de dire,j'ai bien entendu ce que vous voulez me dire,dites :«je vois bien ce que vous voulez me dire »

Prenez le temps de décrire vos objectifs

2. étape 2

Programmez des fusibles adaptés spécifiques,des protocoles automatiques de sécurité,

Comme il s'agit d'hypnotiser avec la technique d'induction de type visuel,programmez des fusibles de types visuels par exemple :

A. Fusible de type visuel: Je demande au subconscient de sortir l'individu hypnotisé de l'état de transe hypnotique dès qu'il voit que celui est dans un état de transe profonde

B. Fusible de type visuel: Je demande à l'inconscient de sortir le patient de l'état de transe hypnotique dès qu'il voit des signes d'inconforts

C. Fusible de type visuel: Je demande au subconscient de sortir et de ramener l'individu hypnotisé du voyage hypnotique dès qu'il voit et remarque des signes négatifs

-Suggérez ceci à l'inconscient de l'individu dont vous voulez hypnotiser:étape 3,étape 4,étape 5,étape 6,étape 7,étape 8,étape 9.. :

3. étape 3

Suggérez ceci à l'inconscient de l'individu dont vous voulez hypnotiser:

Mettez-vous dans une posture agréable,soyez à l'aise,laissez votre corps se relâcher en toute sérénité et confiance

4. étape 4

Fermez les yeux,lentement,progressivement,petit à petit,en toute confiance et sérénité,sentez votre corps en train de se détendre sereinement

5. étape 5

Inspirez(9fois)Inspirez profondément avec énergie, douceur,sérénité;!pendant l'inspiration laissez vos organes internes et externes se relâcher progressivement

6. étape 6

Expirez(8 fois) Expirez lentement,progressivement,petit à petit! pendant l'expiration imaginez-vous en train de vous libérer des négativités comme :peurs,angoisse,stress,pessimisme..

7. étape 7

Gardez les yeux ouverts!oui gardez les yeux ouverts tout en maintenant un sentiment de gratitude et de paix

8. étape 8

Technique d'hypnose N°2 -Avec Méthode Hypnotique qui consiste à s'identifier à des héros,Mystiques

Secret n°2 - Faire deuil de la relation avec pervers narcissique

-Focalisez votre attention au niveau de vos reins,imaginez vos reins en train d'éliminer toutes graines de négativités de pessimisme,désespoir...

-Inspirez(16 fois)

-Expirez (18 fois)

-Pendant l'inspiration,imaginez – vous en train d'acquérir des pouvoirs héroïques et mystiques tout comme les grands héros et mystiques populaires et respectés;ces pouvoirs vous permettent de venir au secours d'un homme qui est quotidiennement brisé,rabaissé ,humilié,anéanti par sa femme qui est perverse narcissique

-plus vous inspirez plus vous vous visualisez en train de lire les pensées de l'homme qui est victime de sa femme la perverse narcissique

-Comme la plupart des victimes de pervers narcissiques,cet homme a l'espoir que sa femme va changer...

-Grâce à vos pouvoirs surnaturels,vous êtes en train d'orienter la victime vers des discussions sur internet,des discussions aux sujets des pervers narcissiques

-Grâce à vous la victime vient d'apprendre qu'il ne sert à rien d'attendre ou d'espérer le changement des pervers narcissiques,les vrais pervers narcissiques ne changent pas.Une seule solution raisonnable s'impose aux victimes des pervers narcissiques(faire le deuil de sa prétendue relation avec les pervers narcissiques)..

-Si nécessaire,n'hésitez pas à consacrer des minutes,des heures à analyser détails après détails,scènes après scènes,étapes après étapes..jusqu'à ce que le conscient lâche prise pour céder la place à l'inconscient,ce qui aura pour conséquences,accélération de la plongée dans le centre du voyage hypnotique

9. étape 9

Pour sortir de l'hypnose,revenir du voyage hypnotique,sortir de transe hypnotique:

Dans le but de le sortir de l'état de transe hypnotique,suggérez à votre patient des suggestions de ces genres :

A. je vois une porte qui mène vers la sortie du voyage hypnotique

B.je regarde une issue qui mène vers la sortie de la transe hypnotique

C. Mes yeux me montrent le chemin vers la sortie de transe hypnotique

10. étape 10

Phase de conseils et recommandation pour question de consolidation après la séance

11. étape 11

S'engager à hypnotiser honnêtement

Prendre la décision de continuer à **pratiquer l'hypnose de manières honnêtes** pour aider les autres et s'aider soi même,s'aimer soi même,s'apprécier soi même,se respecter soi même,pardonner à soi même et à d'autres,être fier de soi même,remercier pour tout ce qu'on a la chance d'avoir au lieu de souffrir en pensant à ce qu'on n'a pas,être et rester fier(e) de soi au quotidien qu'importe sa situation,augmenter la chance d'atteindre ses objectifs…

En cas de résistance

Si vous vous rendez compte que votre patient a du mal à plonger dans le voyage hypnotique,testez d'autres méthodes,essayez de vous adapter aux particularités du patient,créez un lien de confiance entre hypnotiseur et futur hypnotisé

Rappels Importants au sujet de cette méthode :

Si vous refusez de vous adapter aux particularités de votre patient,ne soyez pas surpris si ce dernier n'arrive pas à entrer dans l'état de transe hypnotique;un des moyens efficaces pour hypnotiser et atteindre des objectifs,consiste à mettre du cœur de compassion,en créant un lien de confiance de compassion entre hypnotiseur et futur hypnotisé;Choisissez de vous adapter au type de système de représentation dominant de l'individu à hypnotiser ça peut être le système de représentation de type olfactif,ça peut être le système de représentation de type visuel,ça peut être le système de représentation de type kinesthésique ,ou la combinaison de plusieurs systèmes de représentations.les bons thérapeutes n'oublient jamais de s'adapter au rythme de respiration de leur patient,à sa posture,son vécu…

Une des parties les plus importantes de ce livre

Engagez-vous à pardonner à vous même,pardonnez-vous vos erreurs,vos erreurs peuvent se transformer en avantages opportunités,plus vous augmentez votre estime de vous,plus vous augmentez vos chances d'attirer et ou de garder bonheur,amour,réussite...

-N'oubliez pas d'être fiers de vous qu'importe votre situation

-Pour mieux attirer bonheur,réussite,paix intérieure..auto-hypnotisez votre âme,cœur,esprit avec la gratitude,prenez l'habitude de remercier pour tout ce dont vous avez la chance d'avoir,au lieu de souffrir en pensant à ce que vous n'avez pas

-!Restez fiers de vous et solidaires

-Remerciez d'avoir vie,mains,pieds,corps,relations,eau
potable,air…

Technique d'hypnose N°3 Avec Méthode hypnotique qui consiste à chosifier quelque chose,un souci,une situation..

Secret n°3 -Préparer sa fuite en toutes discrétions

« Le travail c'est l'amour rendu visible !Khalil Gibran »

1. **étape 1**

   Anamnèse ou phase d'observation,d'analyse et ou de créations de liens de confiances entre hypnotiseur-hypnotisé ;ou phase d'analyse de soi même en cas d'auto-hypnose.

Certains thérapeutes commettent l'erreur de considérer cette phase comme une corvée,ils choisissent de lui consacrer peu de temps afin de gagner plus d'argent en traitant beaucoup de patients en des temps records,ne faites pas comme eux;Au contraire,prenez le temps de créer un lien de confiance de compassion et d'harmonie entre vous et votre client..

2. étape 2

Programmez des fusibles adaptés spécifiques,des protocoles automatiques de sécurité

Comme je l'ai expliqué plus haut,il n y a en général aucun risque à se servir de l'hypnose pour atteindre des choses,si tout est fait correctement et honnêtement,mais si jugez utile vous pouvez créer des fusibles automatiques de sécurités et de préventions pour rassurer les plus sceptiques

-Suggérez ceci à l'inconscient de l'individu dont vous voulez[2] hypnotiser:étape 3,étape 4,étape 5,étape 6,étape 7,étape 8,étape 9.. :

3. étape 3

Suggérez ceci à l'inconscient de l'individu dont vous voulez hypnotiser:

Confortablement assis,laissez votre corps,âme,cœur,esprit se détendre en harmonie

4. étape 4

Fermez les yeux,lentement,progressivement,petit à petit!Sentez-vous en sécurité,confiance

5. étape 5

Inspirez(9 fois). Inspirez profondément avec énergie!sentez-vous apaisé,détendu

Expirez lentement,progressivement,petit à petit

6. étape 6

Technique d'hypnose N°3 Avec Méthode hypnotique qui consiste à chosifier quelque chose,un souci,une situation

Secret n°3 -Préparer sa fuite en toute discrétion

-Portez votre attention au niveau de votre appareil respiratoire,précisément au niveau de vos poumons.Que ressentez – vous ? Que voyez – vous?qu'entendez – vous ?

-Respirez de façons abdominales

-Pendant l'expiration,imaginez – vous en train de suivre un papillon mystique,un papillon qui est en train de vous transmettre un pouvoir mystique afin de mieux aider les victimes des pervers narcissiques.

-Plus vous respirez plus vous vous trouvez dans une séance de thérapie de groupe,une thérapie,pour apprendre à gérer les pervers narcissiques

-la thérapeute encourage les victimes à préparer leurs fuites en toute discrétion en cherchant de nouveaux logements,emplois,changements de villes,en contactant des associations de soutiens aux victimes

-plus vous expirez plus vous transformez les doutes des victimes en croyances positives,

-plus vous inspirez plus vous transformez le manque d'estime de soi des victimes en confiance en soi

-Si nécessaire,consacrez des minutes des heures à analyser scènes après scènes,détails après détails...

7. étape 7

Pour sortir de l'hypnose,revenir du voyage hypnotique,sortir de transe hypnotique:

Pour aider votre patient à sortir de la transe hypnotique,vous pouvez évoquer des suggestions adaptées et efficaces,vous pouvez évoquer des suggestions de ce genre :

-je demande au subconscient de sortir l'individu hypnotisé de l'hypnose dès qu'il en juge nécessaire

-j'encourage l'inconscient à ramener l'individu hypnotisé de l'hypnose dès qu'il y a moindre signe d'inconfort

8. étape 8

Phase de conseils et recommandation pour question de consolidation après la séance

9. étape 9

S'engager à hypnotiser honnêtement

Prendre la décision de continuer à **pratiquer l'hypnose de manières honnêtes** pour aider les autres et s'aider soi même,s'aimer soi même,s'apprécier soi même,se respecter soi même,pardonner à soi même et à d'autres,être fier de soi même,remercier pour tout ce qu'on a la chance d'avoir au lieu de souffrir en pensant à ce qu'on n'a pas,être et rester fier(e) de soi au quotidien qu'importe sa situation,augmenter la chance d'atteindre ses objectifs…

En cas de résistance

-En cas de résistance,testez d'autres méthodes,prenez le temps de vous adapter à l'individu dont vous voulez hypnotiser,créez un climat de confiance de compassion

Rappels Importants au sujet de cette méthode :

Comme vous le savez,votre patient risque de ne pas être hypnotisé,si vous refusez de vous adapter.Vous devez vous adapter aux particularités du patient dont vous voulez hypnotiser;vous devez prendre le temps de l'analyser afin de découvrir ses particularités et d'agir en conséquences

Une des parties les plus importantes de ce livre

Regardez-vous dans un miroir,ou visualisez-vous en face d'un miroir,et nourrissez des pensées d'appréciation d'amour de soi,de respect de soi,soyez fier de vous même,malgré vos erreurs,les erreurs peuvent se transformer en avantages,certaines erreurs vous ont aidé à apprendre;

-Pour mieux attirer bonheur,réussite,paix intérieure.. !auto-hypnotisez votre âme,cœur,esprit avec la gratitude,prenez l'habitude de remercier pour tout ce dont vous avez la chance d'avoir,au lieu de souffrir en pensant à ce que vous n'avez pa**s**!

-Restez fiers de vous et solidaires

-Remerciez d'avoir vie,mains, pieds,corps,relations,eau potable,air…

En cas d'hypnothérapie :prenez le temps d'aider votre patient à se sentir important,faites en sorte qu'il soit fier de lui même qu'il s'aime et s'accepte davantage

Technique d'hypnose N°4 Avec Méthode hypnotique qui consiste à se visualiser en train de se transformer en quelque chose de surpuissant comme le soleil,la lune,l'eau...

Secret n°4-Ne plus céder à leurs stratégies de manipulation

«La folie c'est continuer de faire la même chose et d'espérer avoir des résultats différents!Albert Einstein »

En s'inspirant de la célèbre citation de einsten,on voit l'importance de changer et tester d'autres approches pour avoir des résultats différents.Par conséquent,je vous recommande de tester l'hypnose là où certaines disciplines ont échoué !

Exercice :

1. étape 1

Anamnèse ou phase d'observation,d'analyse et ou de créations de liens de confiances entre hypnotiseur-hypnotisé ;ou phase d'analyse de soi même en cas d'auto-hypnose

Objectifs à atteindre : Vous pouvez vous servir de cette méthode d'hypnose pour augmenter vos chances d'atteindre divers objectifs

Au cours de cette phase,prenez le temps de créer un environnement de confiance de compassion entre vous et votre patient,essayez de déterminer ses particularités et agissez en conséquences,adaptez-vous,adaptez-vous à son langage non verbal

,adaptez-vous à ses comportements,son regard,sa posture,son vécu,sans oublier de vous adapter à son type de système de représentation dominant. au cours de cette phase,n'oubliez pas d'aider votre patient à avoir des objectifs précis

2. étape 2

Programmez des fusibles adaptés spécifiques,des protocoles automatiques de sécurité,

Vous pouvez créer des fusibles de sécurités,des protocoles automatiques adaptés à cette stratégie qui consiste à hypnotiser en se servant de la technique des choix contradictoires,par exemple,vous pouvez programmer des fusibles de ce genre :

. Je demande au subconscient de sortir l'individu hypnotisé de l'hypnose(très rapidement ou doucement)dès qu'il y a moindre trace d'inconfort

. J'encourage mon inconscient à ramener l'individu hypnotisé du voyage hypnotique(rapidement ou doucement) dès qu'il en juge la nécessité

-Suggérez ceci à l'inconscient de l'individu dont vous voulez hypnotiser:étape 3,étape 4,étape 5,étape 6,étape 7,étape 8,étape 9.. :

3. étape 3

Suggérez ceci à l'inconscient de l'individu dont vous voulez hypnotiser:

Sentez-vous en sécurité,mettez-vous dans une posture agréable,une posture de votre choix

4. étape 4

Fermez les yeux,lentement,progressivement,petit à petit

5. étape 5

Inspirez (11 fois). Inspirez profondément avec énergie,compassion,paix intérieure

6. étape 6

Expirez(13 fois). Expirez lentement,progressivement,petit à petit avec sérénité et calme

7. étape 7

Technique d'hypnose N°4 Avec Méthode hypnotique qui consiste à se visualiser en train de se transformer en quelque chose de surpuissant comme solution anti-manipulation,soleil,lune,l'eau...

Secret n°4-Ne plus céder à leurs stratégies de manipulation
-

Concentrez votre attention au niveau de votre cerveau précisément au niveau des connexions neuronales .

-sentez les connexions neuronales en train de favoriser la création des réseaux neuronaux favorables au bien – être,détente,paix intérieure....

-pendant l'inspiration,imaginez un ange en train de vous transmettre des pouvoirs magiques,des pouvoirs magiques qui vous permettent de vous transformer en soleil,eau,lune...

-Un pouvoir qui vous permet de sauver les victimes des pervers narcissiques

-Pendant l'expiration,imaginez – vous en face d'un pervers narcissique qui essaie de manipuler sa compagne en lui promettant de changer

-Voyant que le pervers narcissique arrive à convaincre sa compagne de revenir à la maison en lui promettant des changements et compromis,vous avez décidé de transmettre à la victime une partie de votre pouvoir,un pouvoir qui lui permet de lire les vraies intentions du pervers narcissique en lisant dan ses pensées

-Grâce à vous elle a appris que les pervers narcissiques ne changent pas en général;la meilleure solution est de les fuir

-Si nécessaire,n'hésitez pas à consacrer des minutes,des heures à analyser scènes après scènes,détails après détails...jusqu'à saturation,sensations..

8. étape 8

Pour sortir de l'hypnose,revenir du voyage hypnotique,sortir de transe hypnotique:

Pour sortir l'individu hypnotisé du voyage hypnotique vous pouvez utiliser des suggestions adaptées à cette stratégie d'hypnose qui consiste à hypnotiser avec la technique d'induction basée sur les choix contradictoires

. Je vois des portes qui mènent vers la sortie de la transe hypnotique,de même je vois des portes qui mènent vers la plongée dans la transe hypnotique profonde

. J'entends en même temps,les bruits des claquements des fenêtres qui mènent vers le retour du voyage hypnotique ainsi que des bruits des claquements des fenêtres qui mènent vers la plongée dans le voyage hypnotique

9. étape 9

Phase de conseils et recommandation pour question de consolidation après la séance

10. étape 10

S'engager à hypnotiser honnêtement

Prendre la décision de continuer à **pratiquer l'hypnose de manières honnêtes** pour aider les autres et s'aider soi même,s'aimer soi même,s'apprécier soi même,se respecter soi même,pardonner à soi même et à d'autres,être fier de soi même,remercier pour tout ce qu'on a la chance d'avoir au lieu de souffrir en pensant à ce qu'on n'a pas,être et rester fier(e) de soi au quotidien qu'importe sa situation,augmenter la chance d'atteindre ses objectifs...

Si il y a résistance

Si vous avez du mal à hypnotiser quelqu'un avec cette technique d'hypnose,n'hésitez pas à combiner cette stratégie avec d'autres techniques d'hypnose,

testez des stratégies de doubles inductions ou triples inductions,servez-vous des suggestions visant plusieurs types de systèmes de représentations en même temps,adaptez-vous aux particularités de l'individu dont vous voulez hypnotiser

Rappels Importants au sujet de cette méthode :

Si vous refusez de vous adapter aux particularités de l'individu dont vous voulez hypnotiser,vous risquerez de rencontrer des résistances en effet l'inconscient de l'individu dont vous voulez hypnotiser peut retarder la plongée dans le voyage hypnotique,c'est aussi pour éviter ça que vous devez prendre l'habitude d'analyser les individus dont vous voulez hypnotiser avant de vous adapter pour agir en conséquences.Ne jamais oublier de vous adapter au vécu de l'individu dont vous voulez hypnotiser,adaptez-vous à son passé,à sa culture à son quartier,à son langage corporel,adaptez-vous à son type de système de représentation dominant ...Favorisez un climat de compassion de confiance de solidarité entre hypnotiseur et futur hypnotisé...

Une des parties les plus importantes de ce livre

Restez optimistes,vous saurez résoudre les problèmes qui peuvent arriver dans votre vie.Faites la liste des choses dont vous êtes fier,pensez à tout ce dont vous avez réussi à réaliser.laissez ces pensées diffuser leurs énergies dans tout votre corps .Ignorez les mensonges de votre égo,votre égo vous raconte des mensonges,il aime vous faire croire que vous devez avoir ceci ou cela avant d'être fier de vous,or il n'en est rien.

-N'oubliez pas d'être fiers de vous qu'importe votre situation

-Ne manquez pas de respect à vous mêmes,à cause des difficultés,échecs.. ;la plupart des échecs sont temporaires!Restez confiants,optimistes et fiers de vous;!Certaines difficultés attirent opportunités,réussites..

-Pour mieux attirer bonheur,réussite,paix intérieure..auto-hypnotisez votre âme,cœur,esprit avec la gratitude,prenez l'habitude de remercier pour tout ce dont vous avez la chance d'avoir,au lieu de souffrir
en pensant à ce que vous n'avez pa**s!**

-Restez fiers de vous et solidaires-Remerciez d'avoir vie,mains,pieds,corps,relations,eau potable,air…

En cas d'hypnothérapie :prenez le temps d'aider votre patient à se sentir fier de lui,faites lui comprendre ses atout,…

Technique d'hypnose N°5 Avec méthode hypnotique qui consiste à Visualiser un miracle en train de se réaliser

Secret n°5 En cas de menaces, informer les autorités,forces de l'ordre,juristes...

Si tu veux une vie extraordinaire,tu dois avoir des attitudes extraordinaires!Jim Rohn

Si tu veux que ta vie change,tu dois d'abord changer ! Jim Rohn

Exercice :

1. étape 1

Anamnèse ou phase d'observation,d'analyse et ou de créations de liens de confiances entre hypnotiseur-hypnotisé ;ou phase d'analyse de soi même en cas d'auto-hypnose

Objectifs à atteindre : Vous pouvez vous servir de cette méthode d'hypnose pour augmenter vos chances d'atteindre divers objectifs

Comme vous le savez,la phase d'anamnèse est l'une des phases les plus incontournables en hypnose,puisque c'est au cours de cette phase cruciale que l'hypnotiseur est censé analyser l'individu dont il veut analyser afin de mieux s'adapter aux particularités de ce dernier pour mieux agir en conséquences.Ne sautez pas cette étape,prenez le temps de déterminer les particularités de l'individu dont vous voulez hypnotiser afin de mieux adapter votre stratégie d'hypnose.Souvenez-vous du fait que cette technique d'hypnose peut permettre d'atteindre divers objectifs : bien-être,confiance en soi,estime de soi,amour,bonheur,joie….

2. étape 2

Programmez des fusibles adaptés spécifiques,des protocoles automatiques de sécurité,

Comme on a ici affaire à une technique d'hypnose qui consiste à évoquer des idées tout en laissant à l'inconscient le pouvoir de choisir pour soi,je vous recommande de programmer des fusibles adaptés des protocoles de sécurités automatiques afin de mieux rassurer l'individu dont vous voulez hypnotiser

F. 1 Je recommande à l'inconscient de sortir l'individu hypnotisé de l'hypnose dès qu'il en juge nécessaire ou dès qu'il y a moindre trace d'inconfort

F.2 Je demande à l'inconscient de ramener l'individu hypnotisé du voyage hypnotique au bon moment ou dès qu'il en juge la nécessité

-**Suggérez ceci à l'inconscient de l'individu dont vous voulez hypnotiser:étape 3,étape 4,étape 5,étape 6,étape 7,étape 8,étape 9.. :**

3. étape 3

Suggérez ceci à l'inconscient de l'individu dont vous voulez hypnotiser:

Sentez-vous apaisé,détendu,mettez-vous dans une posture agréable,apaisante

4. étape 4

Fermez les yeux,lentement,progressivement,petit à petit

5. étape 5

Inspirez(11 fois). Inspirez profondément avec énergie,calme et sérénité

6. étape 6

Expirez(10 fois). Expirez lentement,progressivement,petit à petit

7. étape 7

Technique d'hypnose N°5 Avec méthode hypnotique qui consiste à Visualiser un miracle en train de se réaliser

Secret n°5- En cas de menaces,informer les autorités,forces de l'ordre,juristes...

-Focalisez votre attention au niveau de vos intestins,précisément au niveau de l'intestin grêle,sentez un sentiment de sérénité et de paix intérieure en train de se diffuser dans tous vos organes internes,grâce à la circulation sanguine et pouvoirs de vos chakras

Respirez de façons abdominale

-Plus vous inspirez plus vous vous visualisez en train de suivre une tortue mystérieuse,une tortue qui vous oriente vers un conflit entre un homme et sa femme qui est perverse narcissique

-plus vous expirez plus la tortue vous octroie des pouvoirs mystiques afin de mieux aider l'homme qui est victime de sa femme perverse narcissiques

-La perverse narcissique a réussi à convaincre son mari de rester avec elle en lui faisant des menaces déstabilisantes

-Grâce à votre pouvoir mystique vous avez réussi à convaincre le mari de ne pas céder aux menaces de la perverse narcissique,vous avez suggéré à son inconscient la possibilité de porter plainte,d'informer les autorités...

NB- Attention à certaines menaces,;évitez certains risques,faites le bon choix,celui qui vous convient à vous,pas forcement celui qu'on vous recommande;c'est vous qui savez quand partir pour éviter violence...

-Si nécessaire,consacrez des minutes des heures à analyser scènes après scènes,détails après détails...

8. étape 8

Pour sortir de l'hypnose,revenir du voyage hypnotique,sortir de transe hypnotique:

Du fait qu'il est ici question d'hypnotiser quelqu'un avec une technique d'induction qui consiste à évoquer des choix et idées pour ensuite laisser l'inconscient faire le choix,je vous encourage à créer des suggestions adaptées pour ramener l'individu hypnotisé du voyage hypnotique

-Je vois des chemins ou des escaliers qui mènent vers la sortie de transe hypnotique

-j'entends les bruits des claquements des portes ou des fenêtres qui orientent vers la sortie de l'hypnose

-Je ressens les vibrations des ascenseurs ou des portes qui guident vers le retour du voyage hypnotique

9. étape 9

Phase de conseils et recommandation pour question de consolidation après la séance

10.étape 10

S'engager à hypnotiser honnêtement

Prendre la décision de continuer à **pratiquer l'hypnose de manières honnêtes** pour aider les autres et s'aider soi même,s'aimer soi même,s'apprécier soi même,se respecter soi même,pardonner à soi même et à d'autres,être fier de soi même,remercier pour tout ce qu'on a la chance d'avoir au lieu de souffrir en pensant à ce qu'on n'a pas,être et rester fier(e) de soi au quotidien qu'importe sa situation,augmenter la chance d'atteindre ses objectifs…

En cas de résistance

Ne perdez pas confiance en vous même si vous n'arrivez à hypnotiser quelqu'un de la façon dont vous voulez,l'inconscient peut faire preuve de résistance,il peut retarder la plongée dans le voyage hypnotique.Face à ce genre de résistance,testez d'autres méthodes,certaines techniques d'hypnose sont beaucoup plus adaptées et beaucoup plus efficaces chez certaines personnes que chez d'autres.N'oubliez pas de vous adapter aux particularités de l'individu dont vous voulez hypnotiser,n'oubliez pas de créer et favoriser un climat de confiance de compassion autour de vous et l'individu dont vous voulez hypnotiser

Rappels Importants au sujet de cette méthode :

Je le répète,si vous refusez de créer et favoriser un climat de confiance et de compassion entre vous et l'individu dont vous voulez hypnotiser,vous risquerez d'avoir du mal à l'hypnotiser de la façon dont vous voulez,vous risquerez de rencontrer de résistances de la part de l'inconscient de ce dernier !en effet l'inconscient de ce dernier risque de faire preuve de résistance.N'oubliez jamais de vous adapter aux particularités de l'individu dont vous voulez hypnotiser,n'oubliez jamais de vous adapter à son langage corporel à son ton de voix,à sa façon de marcher,à sa façon de parler....

Comment mieux profiter de cette technique d'hypnose pour augmenter sa chance d'avoir,faire,être ce qu'on veut,pour atteindre ses objectifs,pour attirer et ou garder bonheur,réussite,amour,paix intérieure,prospérité,bien-être.. :

Entraînements hypnotiques quotidiens

Chaque jour,auto-hypnotisez votre cerveau,votre âme,avec des suggestions hypnotiques de ce genre :

.Répétez à haute ou à basse voix,de préférence à haute voix

Je ne laisserai pas les autres,m'hypnotiser de manières toxiques et inconscientes ;je choisis de me servir de cette technique d'hypnose pour mieux attirer et ou garder,bonheur,amour, réussite..

Une des parties les plus importantes de ce livre

Faites comme les gens super-heureux,chaque jour,prenez le temps de penser à vos atouts,à vos valeurs,ne faites pas comme les gens malheureux qui ont l'habitude de focaliser leur attention sur les critiques des autres.Au lieu de compter sur les approbations des autres,prenez l'habitude de vous apprécier,soyez fier de vous.Ne laissez pas les gens négatifs semer des graines de souffrance dans votre cerveau,ni dans votre âme

-Ne manquez pas de respect à vous mêmes,à cause des difficultés,échecs.. ;la plupart des échecs sont temporaires!Restez confiants,optimistes et fiers de vous;!Certaines difficultés attirent opportunités,réussites..

-Pour mieux attirer bonheur,réussite,paix intérieure..auto-hypnotisez votre âme,cœur,esprit avec la gratitude,prenez l'habitude de remercier pour tout ce dont vous avez la chance d'avoir,au lieu de souffrir en pensant à ce que vous n'avez pa**s**

-Restez fiers de vous et solidaires
-Remerciez d'avoir vie,mains,pieds,corps,relations,eau potable,air...

En cas d'hypnothérapie :faites en sorte que votre patient se sente mieux,aidez le à s'aimer davantage à s'accepter davantage ;

Quelques uns des livres de Dr Docpolyvalent

-Livre : Bloquer Pervers Narcissiques Avec Techniques De L'hypnose Honnête

-Livre : Inductions Hypnotiques Honnêtes Impliquant Les Sagesses De Sophrologie

-Livre :Comment Devenir Comme Extraterrestre De Productivité Et De Gestion De Temps(Tout En Pensant à Santé,Solidarité)

-Livre:105 Méthodes D'hypnose pour hypnotiser (honnêtement) tout le monde,même votre chat et votre chien

-Livre:60 Exercices d'hypnose pour atteindre divers objectifs et hypnotiser honnêtement

-Livre: 65 méthodes d'inductions hypnotiques pour hypnotiser(honnêtement) n'importe quel cerveau

-Livre 1000 métaphores hypnotiques et techniques d'hypnose pour hypnotiser honnêtement(version 3)

-1-Habituer Cerveau aux meilleurs secrets des gens super optimistes qui ont bonheur,opportunités,prospérité en presque tout (bonheur,amour,argent..

2-Reconditionner Cerveau pour trouver bonheur opportunités en diminuant peurs,discriminations..

3-Libérer Cerveau pour gérer peurs,stress,phobies,angoisses,

dépressions,anxiété...

4-Programmer Cerveau pour être heureux optimiste,créatif dans moment présent,même si on n'a pas ce qu'on veut,même si on nous dit non

5-Adapter Cerveau aux 100 secrets des femmes qui savent

(tourner la tête des hommes,garder les hommes,rendre les hommes fidèles)

6-Les Habitants de la forêt enseignent les secrets du bonheur

7-Comme Des Fous,on oublie la chance qu'on a d'avoir tout ce qu'on a pour être heureux,jusqu'à ce qu'il arrive le pire

8-La Femme qui a fait rêver les hommes

9-Comment Devenir Ou Rester Femme Idéale fantasme de son propre chéri,mari..

10-Comment Atteindre ses objectifs avec la méthode Y S R D yes solidarité réciproque dynamique(y s r d)

.Etc...

-ROMAN-Propositions trop malsaines(je te propose 1 milliard de dollars pour te posséder par amour, pour que tu m'appartiennes..

-ROMAN-Amour,Et Contrats Diaboliques

-ROMAN-Amour Plus Manipulation

-ROMAN-Côtés Obscurs du Prince Charmant

-ROMAN-Le Passé Sombre De La Future Mariée

-LIVRE-Comment Devenir Super Productif Super Efficace En Habituant Cerveau Aux Habitudes Prioritaires

-LIVRE-HABITUDES Prioritaires Des Gens Qui Réussissent Le Plus Et Le Plus Rapidement Possible

-LIVRE-HABITUDES PRIORITAIRES Des Gens Qui Attirent Et Gardent L'amour Rapidement

-ROMAN-500 Histoires Sur Les Gens Qui Sont Heureux Malgré Difficultés Drames

-LIVRE-2000 idées Pour Obtenir Ce Que Vous Voulez

-ROMAN-1000 Histoires Sur L'amour Inattendu Avec Bad Boy Ou Bad Girl

-Etc...

Pour Contacter docpolyvalent ,ses associations-ONG,ses clubs de partenariats,soutiens,et voir ses nouveautés ,événements et actualités :

-Site internet:www.DocPolyvalent.fr

-DocPolyvalent@gmail.com

-Facebook: Docpolyvalent écrivain...

-Groupe Facebook: Club Yes Partenariat Gagnant Gagnant,Club Yes Se Soutenir ..

-YouTube : Docpolyvalent

-Instagram: Docpolyvalent

-Twitter: Docpolyvalent

-Etc

Dr Docpolyvalent,auteur à succès et fondateur de plusieurs associations,ong ,et grands groupes de solidarité,partenariat,

soutiens....Auteur engagé pour encourager les autres et créer espoir,solidarité,optimisme,estime de soi,partenariat,réussites..

docpolyvalent est aussi fondateur de la méthode : y s r d yes solidarité,réciproque,dynamique appelée aussi méthode : yes partenariat gagnant gagnant

Associations,ong,et groupes facebook de solidarité et ou partenariat,fondés par Dr Docpolyvalent :

Associations et Ong : Amis Des Victimes,Ong Sensibilisations,Victime existe….

Groupe Facebook :famille des êtres humains **Groupe Facebook** :club africains,européens,américains,asiatiques, doivent se soutenir

Groupe Facebook :club yes partenariat gagnant gagnant

Groupe Facebook :club amis des victimes

Groupe Facebook :amis des victimes asso groupe

Groupe Facebook :club tous doivent se soutenir

Groupe Facebook :livres hypnose neurosciences pnl,...

Groupe Facebook :coachings formations hypnose pnl neurosciences

Groupe Facebook :club yes se soutenir

Groupe Facebook :docpolyvalent Amazon livres

Groupe Facebook :vidéos neurohypnotiques

Groupe Facebook : Etc

Groupe Facebook :

Important:la somme des membres de l'ensemble des groupes fondées par dr docpolyvalent peut atteindre le (million) de membres

Dr docpolyvalent encourage les gens à être polyvalents,à exploiter leurs dons naturels ou pas

-Dr Docpolyvalent,auteur à succès et fondateur de plusieurs associations,ong,et plusieurs grands groupes de solidarité,

partenariat,soutiens….Auteur engagé pour encourager les autres et créer espoir,solidarité,optimisme,estime de soi..

-Pour rejoindre gratuitement la liste des membres privilégiés qui reçoivent des avantages et qui sont au courant des opportunités,événements,discussions,conférences.. :

-Vous avez la possibilité de vous désabonner à tout moment gratuitement,même si ça n'arrive pas souvent de voir un membre se désabonner,la plupart des membres préfèrent rester membres ; Voici le lien,dont il faut cliquer et confirmer après,si non,le site ne prendra pas en compte :

http://eepurl.com/gnglur

Important:malgré mes diplômes,je sais que la plus grande université,reste la vie.C'est dans la vraie vie qu'on apprend le plus.On ne connaît absolument rien du tout en comparaison avec tout ce qu'on ignore

-Dr Docpolyvalent est titulaire d'un diplôme de docteur vétérinaire + Master en santé publique humaine(obtenu en faculté de médecine de rennes France)+ Formation de médecine humanitaire(faculté de médecine et de pharmacie de rennes France)la peur m'a forcé à obtenir mes diplômes en étant jeune

Table des matières

Version 1

Bloquer Pervers Narcissiques Avec Techniques De L'hypnose Honnête

Dr Docpolyvalent Oumarou Ousmane